UNIVERSITÉ DE FRANCE.

FACULTÉ DE DROIT DE STRASBOURG.

ACTE PUBLIC

SUR LE

PARTAGE ET LES RAPPORTS,

LA DÉTENTION PROVISOIRE

ET

LE CONCORDAT,

SOUTENU LE SAMEDI 3o AVRIL 1836,

POUR OBTENIR LE GRADE DE LICENCIÉ EN DROIT,

PAR

H. J. LÉON BENEYTON,

DE BESANÇON (DOUBS),

BACHELIER ÈS-LETTRES ET EN DROIT.

STRASBOURG,

IMPRIMERIE DE G. SILBERMANN, PLACE SAINT-THOMAS, N° 3.

1836.

A MON GRAND-PÈRE,

Témoignage de ma tendre et respectueuse affection.

LÉON BENEYTON.

FACULTÉ DE DROIT DE STRASBOURG.

M. Kern, Doyen de la Faculté de Droit.

M. Hepp, Président.

EXAMINATEURS:

MM. Hepp . . . . . . ⎫
Heimburger . . . ⎬ Professeurs.
Thieriet . . . . . ⎭
Briffault . . . . . Professeur-suppléant.

DROIT CIVIL.

§. I.

DU PARTAGE.

L'expérience de tous les siècles a prouvé que l'indivision était ordinairement un sujet de discordes entre les copropriétaires; elle ne convient ni à nos habitudes, ni à notre régime social; elle met des entraves à l'exercice du droit de propriété: de là, le principe établi par les lois civiles, que nul ne peut être contraint à demeurer dans l'indivision.

Le partage peut toujours être demandé, même quand l'un des cohéritiers aurait joui séparément et à l'exclusion des autres d'une partie des biens de la succession, à moins qu'il n'y ait eu un acte de partage ou possession suffisante pour acquérir la prescription. Cette possession est de trente ans.

On pourrait objecter que l'art. 816 paraît en opposition au principe qui dit, que l'action en partage est imprescriptible. C'est une erreur. Ce principe signifie qu'aussi long-temps que la possession d'une chose commune à plusieurs reste indivise entre tous, l'action continue d'appartenir à chacun, et conséquemment ne se prescrit au profit d'aucun, tandis que l'art. 816 admet, comme on vient

1

de le dire, la prescription pour le cas de la possession ou jouissance d'un seul à l'exclusion des autres pendant trente ans.

Si la succession est *purement mobilière*, et que chacun des héritiers ait joui d'une portion *séparément;* il y a alors exception à l'art. 816, parce qu'en ce cas *la possession vaut titre.*

Le droit de copropriété se définissant en droit, *jus in toto et in qualibet parte rei communis* , le partage éteint *jus in toto* pour réduire *jus in qualibet parte* à la fraction qui échoit à chacun dans la chose partagée, ce qui équivaut à une aliénation dont les mineurs et les interdits sont incapables, et explique pourquoi l'art. 817 a confié au tuteur, soit l'exercice de l'action en partage dans le cas où le conseil de famille l'autoriserait, soit la défense à cette même demande qui serait intentée par quelque copropriétaire jouissant de ses droits.

La femme mariée peut ce que ne peuvent ni les mineurs ni les interdits, à la seule condition de l'autorisation ou du concours de son époux. Cette condition est la conséquence des art. 215 et 217 du Code civil. Le mari peut, sans le concours de sa femme, provoquer le partage des biens meubles ou immeubles qui tombent dans la communauté, par la disposition de la loi, ou par suite des conventions matrimoniales.

Quant aux meubles exclus conventionnellement de la communauté, ou aux immeubles non ameublis, il peut seulement en demander le partage provisionnel, si d'ailleurs il a le droit de jouir de ces biens.

Le partage peut enfin être provoqué par les créanciers de chacun des cohéritiers, dans le cas de demeure de leur débiteur. C'est une conséquence, tant de l'art. 820 qui les autorise aussi à requérir l'apposition des scellés en vertu d'un titre authentique, que de l'art. 888, qui leur donne le droit de se faire autoriser en justice à accepter la succession échue à leur débiteur, si celui-ci renonce au préjudice de leurs créances; et enfin de l'art. 1166, lequel

statue qu'ils peuvent exercer tous les droits et actions de leur débiteur, à l'exception de ceux qui sont exclusivement attachés à
la personne.

Après avoir expliqué quelles sont les personnes qui peuvent in-
tenter l'action en partage, l'on peut demander quelle procédure
il faudra suivre pour la faire juger. L'art. 823 décide qu'elle sera
jugée promptement et sommairement.

On sait que la procédure sommaire diffère de la procédure ordi-
naire par la rapidité de ses formes. Le législateur a compris qu'il
était de l'intérêt de tous qu'il pourvût à la prompte décision des
contestations qui pourraient donner à la procédure en partage,
laquelle appartient en général à la juridiction volontaire, le caractère d'*un litige* appartenant à la juridiction contentieuse.

Chaque héritier peut réclamer en nature son lot, soit dans les
meubles, soit dans les immeubles. Il y a pourtant quelques exceptions introduites dans l'intérêt des héritiers eux-mêmes ou des
créanciers. Mais il faut, pour que ces exceptions prévalent sur la
règle générale, qu'elles soient agréées par tous les intéressés, ou
que dans le cas de dissentiment on puisse les justifier par des motifs de convenance, de la gravité desquels le tribunal serait juge.

S'il y a des créanciers de la succession, saisissans ou opposans, ils
ont le droit d'exiger la vente des meubles avant tout partage,
comme aussi les héritiers, s'ils sont tous majeurs, peuvent faire
procéder à cette vente d'une commun accord, ou si quelques-uns
sont mineurs, la faire ordonner par justice pour acquitter les dettes
et charges de la succession. En ce qui concerne les immeubles,
dont la vente peut également être délibérée par les héritiers ou
ordonnée par justice dans les mêmes cas ou aux mêmes fins ; il est
une autre hypothèse : c'est celle où ne pouvant se partager commodément, on est obligé de recourir à la voie de la licitation pour
faire cesser l'indivision.

Cette hypothèse existe toutes les fois que le morcellement des

immeubles ne pourrait se faire sans les déprécier et conséquemment sans désavantage évident pour les intéressés.

Lorsqu'on est une fois fixé sur l'opportunité du partage en
nature des meubles et des immeubles, il s'agit de procéder à la
formation des lots, laquelle, toutefois, doit être précédée de la
composition de la masse.

Or, cette composition se fait non-seulement par l'addition des
valeurs mobilières et immobilières existantes en nature, mais encore par celles des valeurs rapportables soit réellement, soit ficti-
vement, par quelques héritiers qui auraient été avantagés par le
défunt.

Cette opération préliminaire de la composition de la masse doit,
en thèse générale, se faire par le ministère d'un notaire du choix
des parties, ou désigné par le tribunal si le partage doit être
judiciaire (art. 828 du Code civ.).

C'est aussi devant ce notaire que, la masse partageable se trouvant fixée, les lots doivent être faits aux termes de l'art. 834 et
tirés au sort[1]. Ce même article confie la formation de ces lots à
l'un des cohéritiers, s'ils sont tous majeurs et d'accord sur le choix
de celui-ci, auquel cas le notaire n'est que le rédacteur officiel
de l'opération. Si, au contraire, les héritiers ne sont pas tous
majeurs, ou quoique tous majeurs, ils ne peuvent convenir du
choix de l'un d'eux; les lots sont faits par un expert que le juge-
commissaire désigne.

S'il s'élève des contestations relatives à la manière dont les lots
seront composés, le notaire en dresse procès-verbal, renvoie les
parties au juge-commissaire, lequel, s'il ne réussit à les concilier,
en réfère au tribunal qui statue comme en matière sommaire,

[1] Arrêt de la Cour royale de Paris du 17 août 1810, qui a infirmé un jugement du tribunal civil de Dreux, en ce que ce jugement avait ordonné qu'un
partage serait fait devant le tribunal.

et peut, s'il trouve les contestations fondées, ordonner une nouvelle formation de lots par un ou trois experts qu'il nomme d'office.

Tout ce qui vient d'être dit soit de l'emploi du ministère d'un notaire, soit de l'intervention de la justice, doit s'entendre nécessairement de tout partage auquel les intéressés voudraient donner le caractère d'un partage définitif, dès qu'au nombre des copartageans se trouveraient des mineurs et des intéressés représentés par leur tuteur ou curateur, et même des non-présens, comme en cas d'absence présumée (art. 113 du Code. civ.), soit en cas de refus d'assistance ou de coopération.

Hors ces divers cas, les héritiers tous majeurs peuvent procéder entre eux et constater, au besoin, leur partage par actes sous seing-privé, faits en autant de doubles qu'il y aura de copartageans, avec la précaution, toutefois, de donner à l'acte date certaine contre les tiers par l'enregistrement.

Les frais d'un partage en justice, étant beaucoup plus considérables que ceux d'un partage à l'amiable, il s'est élevé la question de savoir, s'il n'eût pas été équitable de les faire supporter, au moins quant à l'excédent, par ceux des cohéritiers dont la qualité aurait exigé que le partage fût fait judiciairement. Mais à cela on répond que c'est volontairement que les majeurs capables se soumettent à un partage judiciaire par cela seul qu'ils veulent qu'il soit définitif; car, quoique la loi ordonne dans le cas où il y a des mineurs ou des interdits que le partage, pour être définitif, soit fait en justice, ils pouvaient ne demander qu'un partage provisionnel, et c'est évidemment parce que leur propre intérêt les porte à ne pas se contenter de cette provision, qu'ils provoquent le partage judiciaire. Le conseil d'État avait proposé un article spécial à cet effet, mais qui fut rejeté sur les observations de M. Tronchet.

Ceci amène l'observation que le Code distingue deux espèces de partage : le partage *provisionnel* et le partage *définitif.*

Le partage définitif s'entend de tout partage amiable ou judi-

ciaire fait dans l'intention formelle de rompre pour toujours l'indivision. Mais le partage provisionnel est de deux sortes: il peut
n'être que provisionnel pour tous les copartageans : c'est lorsque
tous sont majeurs et expriment l'intention de ne régler entre eux
que la jouissance, sauf à régler plus tard le sort de la propriété.
Il peut aussi n'être provisionnel que pour quelques-uns des intéressés, quoique définitif pour les autres : c'est ce qui arrive lorsqu'un partage n'étant pas fait en justice et avec les formes déterminées par le Code, il ne vaut nécessairement pour les mineurs
qu'à titre de partage de jouissance, tandis qu'il vaut à titre de
partage définitif pour les majeurs qui n'ont pas eu la précaution
de se réserver contre les mineurs l'avantage que la loi donne à ces
derniers, devenus majeurs, de provoquer contre les premiers un
autre partage qui vaille cette fois comme définitif envers et contre
tous.

Il faut cependant ajouter que si pendant trente années, à dater
de la majorité de chacun des mineurs, ceux-ci jouissaient exclusivement, ainsi que les majeurs, des lots attribués à chacun par un
tel partage, cet acte deviendrait définitif par le laps de temps. Ce
serait la conséquence naturelle de ce qui a été dit plus haut de
l'indivision résultant de la jouissance trentenaire exclusive d'un ou
de quelques héritiers par rapport aux autres[1].

Il était de l'intérêt des familles de ne pas associer à leurs affaires
des étrangers que la cupidité eût peut-être déterminés à les rendre
cessionnaires des droits héréditaires de quelqu'un des héritiers.
C'est ce que le code a effectivement voulu empêcher par la faculté
qu'il accorde aux cohéritiers d'écarter du partage, en lui rembour-
sant le prix de la cession, l'étranger à qui l'un des héritiers aurait
cédé son droit.

[1] Arrêts à l'appui de cette décision : Cour royale de Colmar, 28 nov. 1816. —
Cour royale de Lyon, 4 avril 1810. — Cour royale d'Agen, 12 nov. 1823. —
Arrêt de la Cour de cassation, 30 août 1815.

Les donataires, légataires ou héritiers institués *à titre universel*, ne peuvent être écartés du partage, comme non susceptibles; ils ont au contraire le droit d'exclure les cessionnaires étrangers, comme peuvent le faire les héritiers du sang.

L'action en subrogation ne doit-elle être admise que dans le cas où l'un des héritiers a vendu la totalité de ses droits successifs? Ou doit-elle l'être également lorsqu'il n'a vendu qu'une quote-part dans la succession? Pour ce qui touche la première question, on a soutenu l'affirmative en s'appuyant sur le texte même de la loi, et en disant que « *son droit à la succession* » étaient des expressions génériques qui ne pouvaient s'appliquer qu'à la totalité des droits successifs. Mais en recherchant l'esprit de la loi, on voit que son but est d'empêcher les étrangers de scruter les affaires de l'hérédité, d'examiner les papiers, d'assister aux opérations. L'abus que la loi a voulu prévenir existerait au cas d'une cession de quote-part comme au cas d'une cession de *toute* une part; et cette considération paraît suffisante pour décider que l'art. 841 s'applique également à l'un et à l'autre cas [1].

La jurisprudence paraît mettre hors de doute que l'art. 841 ne s'applique pas aux ventes de corps certains et déterminés mais seulement aux ventes de droits successifs [2].

§. II.

DES RAPPORTS.

Il a été dit ci-dessus que la composition de la masse à partager se faisait par l'addition des valeurs *existantes* et des valeurs *rapporta-*

---

[1] Arrêt de la Cour de cassation du 9 novembre 1806.

[2] Paris, tribunal civil du 9 ventôse, an XII. — Rouen, 24 mars 1806. — Cour de cassation du 1er décembre 1806.

bles; il s'agit maintenant d'expliquer: 1° Quelles sont ces dernières valeurs; 2° par qui; 3° au profit de qui; 4° comment elles doivent être rapportées.

Sont rapportables toutes les valeurs, de quelque nature qu'elles soient, que l'un des héritiers peut avoir reçues du défunt à titre de libéralité *directement* ou *indirectement,* c'est-à-dire soit que les valeurs aient passé du patrimoine du défunt dans celui du successible par une transmission avouée et patente, auquel cas l'avantage aurait été fait *directement,* soit que cette valeur n'ait passé de la main de l'un en celle de l'autre qu'en exécution ou à titre de conséquence d'un acte consenti entre les parties sous toute autre forme ou à tout autre titre que sous la forme ou le titre d'une pure libéralité, auquel cas il y a, dans le sens de l'art. 843, donation faite *indirectement.*

Cet article ajoute que l'obligation du rapport a toujours lieu, à moins que le donataire n'en ait été expressément dispensé par le donateur. C'est alors une donation faite par *préciput et hors part.*

Il est de jurisprudence que le mot *expressément* ne s'entend pas d'une formule déterminée, dans laquelle ces mots *par préciput et hors part* devraient nécessairement se lire, mais seulement qu'il faut qu'il apparaisse clairement que l'intention du donateur aurait été de ne soumettre son donataire à aucun rapport, si jamais il cumulait cette qualité avec la qualité d'héritier. On peut en citer un exemple dans l'espèce d'une donation, déguisée sous la forme d'un titre onéreux; les arrêts ayant admis uniformement qu'en ce cas il y a présomption que le donateur a choisi ce déguisement pour exclure l'idée de la donation rapportable, en la cachant sous l'apparence d'un contrat exclusif de l'idée du titre gratuit, lequel seul donne ouverture au rapport.

L'héritier bénéficiaire est lui-même soumis au rapport; il a les mêmes droits que l'héritier pur et simple; il doit avoir les mêmes charges. Le rapport a lieu aussi bien en ligne collatérale qu'en ligne directe; et même entre ascendans, la loi dit: *tout héritier.* Or, *ubi lex non distinguit, nec nos distinguere debemus.*

On vient de voir que le donateur a le droit de dispenser du rapport; mais il résulte des art. 844 et 919 que ce n'est que pour autant que la valeur des dons n'excède pas celle de la portion disponible, c'est-à-dire celle de la portion de ses biens qu'il n'est pas obligé de réserver aux héritiers que lui donne la loi.

L'on peut demander ici si le Code, en parlant de la forme des dispositions entre-vifs, a entendu parler de la forme spéciale exigée pour la validité des donations entre-vifs proprement dites, ce qui semblerait au moins vraisemblable en voyant cette espèce d'antithèse qui impose au donateur le choix, ou de la forme de la disposition entre-vifs ou de celle de la disposition testamentaire. Cependant, ce que l'on a dit de la jurisprudence qui admet la validité des libéralités, déguisées sous la forme du contrat onéreux, à concurrence de la portion disponible, semble autoriser à entendre ces mots dispositions entre-vifs comme équivalant à la locution suivante: *dans les formes déterminées par la loi ou par la jurisprudence pour la validité des libéralités;* desquelles formes nous parlerons en expliquant les art. 843 et 853.

Ce que l'on vient de dire du rapport des dons ne pourrait s'appliquer aux legs.

En effet, rapporter c'est remettre à la masse une chose reçue et qu'on en avait fait sortir; or, les objets légués sont toujours restés dans les mains du testateur, ils se trouvent dans la succession au moment où elle s'ouvre, le légataire ne les a pas reçus, il n'y a donc pas lieu à rapport. Mais le résultat est pourtant le même, car si le donataire est sujet au rapport, le légataire ne peut réclamer son legs (voy. art. 843).

Les dons rémunératoires sont-ils sujets à rapport lorsqu'ils n'en ont pas été dispensés?

Le Code dit en termes généraux et absolus que tous les dons et

2

legs seront rapportables, s'il n'y a de dispenses formelles. Il faut
donc se décider pour l'affirmative; sauf sans doute, comme l'a
enseigné Poullain Duparc, au donataire son action pour se faire
rémunérer par les héritiers, si les services allégués et prouvés
étaient de nature à lui donner action contre le donateur aux fins
d'une indemnité pécuniaire quelconque.

L'on a vu que l'héritier est tenu de rapporter tout ce qu'il a
reçu, soit *directement*, soit *indirectement*, et que cette dernière
expression a principalement pour objet les donations déguisées
sous la forme de contrat onéreux, tels que ventes, obligations, etc.,
pour autant que les avantages en résultant excéderaient la portion disponible.

Mais il pourrait arriver que le porteur d'un pareil contrat simulé tentât de le faire valoir comme étant réellement un titre
onéreux, afin de le soustraire à l'obligation du rapport même
pour cet excédant. Comment en ce cas, parviendra-t-on à décou-
vrir la fraude qui serait faite à la loi par cet abus de la simulation?

Il faudra rechercher et examiner les circonstances qui ont précédé, accompagné et suivi l'acte, et s'il en résulte des présomptions graves, précises et concordantes, que l'acte que l'on voudrait
faire passer comme valant réellement ce que le texte paraîtrait
indiquer, cache une libéralité rapportable, le juge, à la prudence
duquel la loi se réfère quand il s'agit de vol et de fraude, prononcera selon les inspirations de sa conscience. Car telle est la
règle écrite dans l'art. 1353.

Par l'art. 851, ce qui n'a d'ailleurs jamais été controversé, que
le rapport est dû de ce qui a été employé pour l'établissement d'un
cohéritier, le législateur a résolu une autre question, qui, ancien-
nement, a été l'objet de fréquentes discussions devant les tribunaux, en décidant que le rapport est dû de ce qui a été employé
pour le paiement des dettes de ce cohéritier.

Cependant, quelque générale et absolue que paraisse cette disposition, elle a laissé subsister plusieurs doutes. On a donc demandé, si le fils est tenu de rapporter à la succession de son père les dettes contractées par lui dans le cours de ses études et acquittées des deniers paternels.

L'opinion qui paraît avoir prévalu se réduit à distinguer la condition du fils majeur de celle du fils mineur. Quant au premier, on a résolu sans hésitation qu'il devait rapport. Quant au second, on a encore distingué.

Avait-il un état? avait-il un pécule dont il pouvait disposer? et a-t-il nonobstant les moyens que ce pécule mettait à sa disposition pour faire honneur à ses engagemens légalement contractés, laissé à son père la charge de donner satisfaction à ses créanciers? En ce cas, il est soumis au rapport.

Mais était-il sans état, ou sans pécule?

Le père, en payant des dettes à raison desquelles la minorité de celui qui les a contractées, quoiqu'il eût pu faire valoir contre les créanciers l'exception de restitution en entier, résultant de l'incapacité du débiteur, n'aurait pu détériorer la condition de son fils mineur, ni conséquemment grever par anticipation la part héréditaire que la loi destinait à ce dernier. Il faut donc reconnaître que dans une semblable hypothèse il ne devrait pas de rapport.

Cependant, il ne faut pas perdre de vue que la jurisprudence s'est fixée sur la question qui a été fréquemment agitée, relativement aux frais de remplacement des mineurs atteints par la loi du recrutement. Il est généralement reçu que ceux-ci en doivent le rapport[1].

Après avoir expliqué les valeurs rapportables, disons quelques mots de celles qui ne le sont pas.

---

[1] Paris, 7 févr. 1814. — Dijon, 23 janvier 1817. — Grenoble, 12 février et 25 juillet 1816; 8 mars et 13 mars 1817.

2.

On en trouve les indications dans les art. 849, 852, 853 et 854.

Par le premier, les dons et legs faits au conjoint d'un époux successible sont réputés faits avec dispense de rapport. Si les dons et legs sont faits *conjointement* à deux époux, le successible en rapporte la moitié. Si les dons sont faits à l'époux successible, il les rapporte en entier.

Faut-il admettre que le conjoint donataire doive rapporter en entier, même les dons qui lui seraient faits et dont cependant il ne profiterait que pour la moitié, si les valeurs données devaient tomber dans la communauté.

Quelque peu équitable que paraisse l'affirmative, elle doit cependant prévaloir d'après la discussion qui a eu lieu au conseil d'État, où la difficulté a été soulevée et résolue par l'adoption de la lettre actuelle de l'article, malgré les objections proposées pour en faire préférer une, d'après laquelle le successible donataire n'aurait du rapport que pour la portion dont il profiterait dans la communauté.

Par le second, art. 852, le législateur a déclaré que les frais de nourriture, d'entretien, d'éducation, d'apprentissage, les frais ordinaires d'équipement, ceux de noces et présens d'usage ne doivent pas être rapportés, ce qui doit s'entendre des frais en général faits du vivant des père et mère, lesquels en les acquittant ont plutôt rempli un devoir que leur imposait les art. 203 et 207, qu'exercé un acte de libéralité.

Quoique ce motif ne s'applique qu'aux père et mère, et paraîtrait devoir laisser les collatéraux sous la disposition de l'art. 843, même quant aux frais dont il s'agit dans l'art. 852, néanmoins la disposition de ce dernier étant générale, la dispense qu'il prononce doit s'étendre jusqu'à eux : on présume alors que si ce n'est par devoir, c'est au moins par affection et non à titre de libéralité proprement dite que le défunt a fait pour son héritier présomptif les frais désignés dans l'art. 852.

Le troisième, art. 853, qui dispense également de rapporter les profits que l'héritier a pu retirer de conventions passées avec le défunt, si ces conventions ne présentaient aucun avantage indirect au moment où elles ont été faites, offre une grave difficulté à résoudre.

En effet, s'il est vrai que la dispense ne doive valoir que sous la condition que les conventions n'aient présenté aucun avantage indirect, lorsqu'elles ont été faites, comment conciliera-t-on cette condition avec ce qui a été dit plus haut de l'efficacité des avantages faits sous la forme de contrats onéreux simulés? Ce ne sera qu'en admettant que le sens de l'art. 843, tel que l'a fixé la jurisprudence, doit se combiner avec celui de notre art. 853, lequel en ce cas signifierait *que si les profits résultant pour l'héritier des conventions passées avec le défunt ne présentaient, à l'époque où les parties ont contracté, aucun avantage indirect excédant la portion disponible,* le contractant successible conserve ces profits sans en rien rapporter.

Il faut d'ailleurs entendre sainement la lettre de cet article, lequel prévoyant que des avantages quelconques peuvent résulter pour un successible des conventions faites avec le défunt, n'a pas entendu atteindre les avantages qui pourraient résulter, par exemple, d'une vente faite à bon marché, telle qu'un étranger aurait pu raisonnablement l'obtenir du vendeur, mais seulement un avantage tellement considérable que sortant des limites ordinaires d'une vente faite à juste prix, quoique non rigoureusement au plus haut prix. Car, dans ce cas, le contrat conserve sa nature de vente sans mélange de libéralité et conséquemment sans obligation de rapport, ou même sans obligations d'imputation sur la portion disponible.

Le quatrième, art. 854, enfin décide qu'il n'est pas dû de rapport pour les associations faites sans fraude entre le défunt et l'un de ses héritiers. Il semblerait que cette disposition est déjà implicitement comprise dans l'article précédent. Pourquoi le législateur a-t-il statué ici d'une manière spéciale?

C'est probablement parce que l'art. 853 parlant de conventions faites avec le défunt, sous quelque forme qu'il ait plu aux parties d'employer pour les constater, il a voulu faire exception au principe général en assujétissant les associations à une condition spéciale, celle d'être réglées par un acte authentique.

MM. Malleville et Grenier font connaître le motif de cette disposition exceptionnelle; elle a pour but de constater d'une manière positive, pour qu'il ne dépende pas des parties, soit d'antidater, soit de postdater, le moment à partir duquel l'associé a dû courir loyalement les chances des pertes et profits; ou, comme le dit M. Delvincourt, pour empêcher de feindre une association, alors qu'il n'y aurait plus de chances à courir, l'affaire pour laquelle on la supposerait n'ayant jamais existé ou étant consommée, et les bénéfices acquis sans aucun risque ultérieur au moment où on antidaterait l'acte simulé.

Maintenant que nous pouvons nous croire fixés sur la question de savoir quelles sont les valeurs rapportables, demandons-nous par qui elles doivent être rapportées.

Nous avons vu que l'art. 843 dit: *par tout héritier même bénéficiaire*. Mais les art. 846 et 848 prévoient des cas pour la solution desquels cette disposition générale a paru ne pas suffire. C'est ainsi que le premier de ces articles a décidé qu'un don fait à un étranger était rapportable aussi bien que s'il eût été fait à un héritier présomptif, s'il se trouve successible au jour de l'ouverture de la succession.

L'on aperçoit l'utilité de cette disposition spéciale à la suite de la disposition générale de l'art. 843, qui paraît n'avoir disposé qu'à raison des dons et legs faits à celui qui aurait, en les recevant, cumulé la double qualité de successible et de donataire.

C'est avec la même prévoyance que le législateur a, dans l'art. 848, décidé, que le fils venant par représentation de son père à la succession d'un défunt, doit rapporter ce qui avait été donné à son père par ce dernier, même dans le cas où il aurait répudié la succession du représenté.

Non content de déterminer avec précision les personnes venant à une succession qui seraient tenues de rapporter ce qu'elles avaient reçu du défunt, soit par elles-mêmes comme donataires directes, soit par la fiction inhérente au droit de représentation, et en vertu de laquelle elles prennent la place et doivent remplir l'obligation qui serait à la charge du donataire s'il vivait, le législateur a voulu résoudre d'autres difficultés en déterminant certains cas pour lesquels la prétention du rapport ne serait pas admissible.

C'est ainsi qu'il a dit, art. 847, que les dons et legs faits au fils de celui qui se trouve successible à l'époque de l'ouverture de la succession, sont toujours réputés faits avec dispense du rapport; le législateur aura sans doute cru cette disposition nécessaire pour empêcher l'abus du principe que le père et le fils sont quelquefois réputés ne faire qu'une seule et même personne juridique, ou tout aussi fréquemment réputées personnes interposées l'une au profit de l'autre.

C'est encore dans le même esprit que notre art. 847 ajoute que le père venant de la succession du donateur n'est pas tenu de rapporter les dons et legs faits à son fils.

C'est toujours probablement pour les mêmes motifs que l'article 848 dit que le fils venant de son chef à la succession du donateur, n'est pas tenu de rapporter le don fait à son père, même quand il aurait accepté la succession de celui-ci.

C'est ainsi, enfin, et encore dans le même but, que la loi a voulu expressément que les dons et legs faits au conjoint d'un époux successible fussent réputés faits avec dispense de rapport.

Deux articles seulement renferment toute la doctrine du Code sur l'importante question de savoir à qui le rapport est dû.

Le rapport ne se fait, dit l'art. 850, qu'à la succcession du donateur.

Il n'est dû, dit l'art. 857, que par le cohéritier à son cohéritier. Il ajoute qu'il n'est pas dû aux légataires ni aux créanciers de la succession.

Deux observations seulement se présentent.

Lorsque l'art. 867 décide que le rapport n'est dû que par le cohéritier à son cohéritier; cet article s'entend exclusivement de cohéritiers qui tiennent leur droit de la loi, et non de la volonté de l'homme.

Lorsqu'il dit qu'il n'est dû ni aux légataires ni aux créanciers de la succession, il laisse entier le principe, qu'il peut cependant être exigé par les créanciers personnels d'un cohéritier, quelconque qui négligerait de faire valoir son droit, comme on l'a déjà dit plus haut de ces mêmes créanciers exerçant les droits de leur débiteur et acceptant une succession qu'il voudrait répudier.

Reste à expliquer comment les rapports doivent se faire.

L'art. 858 dit : Le rapport se fait *en nature* ou *en moins prenant.*

Les choses données à un susceptible ne lui appartiennent que sous la condition résolutaire du rapport; et l'effet de toute condition résolutoire étant, en thèse générale, de remettre les intérêts respectifs au même et semblable état où ils étaient lors de la disposition résolue par l'événement de cette condition, il faudrait dire que le rapport devenant exigible, la propriété des choses rapportables fait retour à la succession et peut être revendiquée par les cohéritiers non-seulement contre le donataire, mais même contre les tiers qui pourraient les avoir acquises de lui.

Cependant le Code a fait exception à ce principe général en

décidant par l'art. 860 que le donataire d'un immeuble qui l'aurait aliéné avant l'ouverture de la succession n'en ferait le rapport qu'en moins prenant.

Ce qui signifie que s'il y a dans la succession des immeubles de même nature, valeur et bonté dont on puisse former des lots à peu près égaux pour les autres héritiers, il se fait au profit de ces derniers un prélèvement suffisant pour rendre leur condition égale à celle de leur cohéritier.

Ce prélèvement est un droit acquis aux héritiers, auquel le cohéritier ne peut nullement se soustraire s'il veulent l'exercer. Mais il est un cas où celui-ci peut le leur imposer, *même contre leur gré.* C'est celui où, voulant se dispenser du rapport en nature, quoique possédant encore l'immeuble rapportable, ses cohéritiers s'y opposeraient, quoiqu'il y eût dans la succession assez d'autres immeubles pour leur faire à chacun une part égale à celle que conserverait le cohéritier en ne rapportant pas en nature.

C'est ce qui résulte de l'art. 859, d'après lequel, pour que le rapport en nature puisse être forcé, il faut non-seulement que l'immeuble donné n'ait pas été aliéné par le donataire, mais encore que l'état de la succession n'offre pas les moyens d'une égalité parfaite au profit des autres héritiers.

Si le rapport se fait en nature, le donataire doit représenter l'immeuble dans l'état où il était lors de la donation.

La succession n'aura donc point à s'enrichir de la plus-value, si elle n'était qu'égale à ce qu'elle aurait coûté au rapportant; mais elle profitera de l'excédant s'il y en a à titre d'accession de la propriété qui lui a fait retour. Ainsi le donataire, eût-il, par exemple, dépensé 1000 fr., et déterminé par cette dépense une plus-value de 2000 fr., l'indemnité à laquelle il aurait droit resterait fixée à la somme déboursée par lui.

Se trouverait-il, au contraire, que ses impenses eussent été de 2000 fr., tandis que la plus value ne serait que de 1000 fr., ce

3

serait à ce dernier chiffre que s'arrêterait la bonification qui lui serait due par la succession.

Encore, pour déterminer le taux de cette plus-value, ne faudra-t-il consulter que l'époque de l'ouverture de la succession, sans avoir à prendre en considération telle autre époque antérieure à laquelle cette plus-value aurait été plus considérable?

L'art. 862 est plus favorable au donataire que le précédent, en ce qu'il charge la succession de lui rembourser les impenses qu'aura nécessitées la conservation de la chose, encore qu'elle n'ait point amélioré le fonds.

L'art. 863 prévoit le cas où le donataire aurait dégradé et détérioré par son fait, ou laissé dégrader et détériorer par sa faute ou négligence l'immeuble rapportable; il lui impose l'obligation de tenir compte de la moins-value en résultant.

Si les améliorations ou détériorations dont il s'agit dans les trois articles précédens n'étaient pas du fait personnel du donataire, mais bien d'un tiers-acquéreur, elles seraient imputées conformément à ces trois articles, c'est-à-dire, que soit la plus-value résultant des améliorations, soit la moins-value résultant des détériorations, seraient à bonifier au donataire ou par le donataire, comme s'il les eût faites lui-même.

Ce n'est pas à dire qu'il dût faire son profit de la plus-value qu'auraient déterminées les impenses faites par un étranger, mais seulement que pour trouver la valeur *rapportable*, on déduira de la valeur *actuelle* cette plus-value.

Tandis que le rapportant aurait à bonifier de ses deniers personnels la moins-value résultant du fait de la faute ou de la négligence de celui auquel il aurait vendu, sans aucun recours contre ce dernier, lequel, en devenant propriétaire, n'aurait contracté avec personne l'obligation de ne pas abuser.

De ce que nous avons dit des effets de la condition résolutoire qui remet les intérêts au même et semblable état où ils eussent

toujours été, si l'acte résolu n'avait jamais eu lieu, résulte le principe de l'art. 865, lequel se trouve répété dans l'art. 2125, savoir :
que lorsque le rapport se fait en nature, les biens se réunissent à
la masse de la succession, francs et quittes de toutes charges créées
par le donataire.

Cependant la loi n'a pas voulu laisser les créanciers ayant hypothèque sans moyen de surveillance pour empêcher les combinai-
sons frauduleuses qui pourraient se faire entre les cohéritiers pour
les frustrer. Ce qui pourrait arriver, par exemple, si l'on faisait
tomber dans les lots des autres copartageans l'immeuble ou les immeubles rapportables par celui qui les aurait cependant hypothé-
qués, auquel cas, d'hypothécaires qu'ils étaient, les créanciers
deviendraient simples chirographaires. Ou bien, ce qui pourrait
encore arriver, si l'on agissait de manière qu'il ne parût tomber
dans le lot du débiteur que des valeurs mobilières, toujours plus
faciles à soustraire que des valeurs immobilières.

Le rapport en nature se fait sans difficulté lorsqu'un immeuble
est rapportable en totalité; mais il peut arriver qu'il ait été donné
avec dispense de rapport; et que cependant sa valeur excédant la
portion disponible, le donataire se trouve dans l'obligation de rapporter cet excédant, ainsi que le décide l'art. 844.

Comment ce rapport s'exécutera-t-il?

L'art. 866 contient la réponse à cette question. Le rapport se
fera en nature, si le retranchement de cet excédant peut s'opérer
commodément. On se rappelle que l'on a déjà vu ce que signifiait
ce mot *commodément* en matière de partage. Il a dans notre article
la même valeur que dans l'art. 827.

Dans le cas contraire, si l'excédant est de plus de moitié de la
valeur de l'immeuble, le donataire, dit notre article, rapporte
l'immeuble en totalité; et il est indemnisé de la perte de son don
en prélevant sur la masse héréditaire la valeur estimative de la portion disponible. Autre hypothèse : cette portion excède-t-elle la

3.

moitié de la valeur de l'immeuble, le donataire peut retenir l'immeuble en totalité, sauf à moins prendre ou à récompenser ses cohéritiers, en argent ou autrement. Mais il faut faire attention que cet article ne parle que du don exhorbitant fait à un successible avec dispense de rapport.

Que sera-t-il d'un pareil don fait à un non-successible?

Nulle part le code n'a prévu d'une manière spéciale cette difficulté. Il faut donc recourir aux principes généraux qui règlent les droits des copropriétaires par indivis, et décider que, dans tous les cas, l'immeuble sera partagé, s'il peut l'être sans détérioration, sinon qu'il sera licité entre les cohéritiers et le donataire.

Les fruits et intérêts des choses sujettes à rapport, en sont des accessoires naturels; le rapportant doit conséquemment en faire état à la masse; mais de quel jour?

Tant qu'il a été propriétaire en la qualité de possesseur de bonne foi, il a fait *siens* les fruits et intérêts. Ayant cessé de l'être par l'événement de la condition résolutoire, inhérente à son droit, il a aussi cessé d'avoir à profiter de ses émolumens; il en doit donc la bonification, à dater du jour de l'ouverture de la succession.

Il reste à demander si le successible donataire ne peut, en aucun cas, se trouver dispensé du rapport, quoique son titre paraisse l'y obliger.

Il n'en est qu'un, c'est lorsque l'immeuble a péri par cas fortuit, et sans la faute du donataire. L'art. 825, en le décidant ainsi, n'a fait qu'appliquer le principe général que l'on trouve écrit dans le premier alinéa de l'art. 1302 du Code civ., d'après lequel: « lors- « que le corps certain et déterminé, qui était l'objet de l'obliga- « tion, vient à périr, est mis hors du commerce, ou se perd de ma- « nière qu'on en ignore absolument l'existence, l'obligation est « éteinte, si la chose a péri ou a été perdue sans la faute du dé- « biteur, et avant qu'il fût en demeure, » ou même lorsqu'il est en demeure, si la chose n'a pas péri ou n'a pas été perdue par cas fortuit.

La loi accorde au cohéritier, qui fait le rapport en nature, le droit de retenir l'immeuble en sa possession, jusqu'au remboursement de ses impenses. C'est un gage que la loi accorde au cohéritier pour assurer le paiement de sa créance. Mais il n'est alors que simple possesseur de l'immeuble; il ne peut, en conséquence, exercer aucun des droits qui appartiennent au propriétaire.

Il n'en est pas des meubles comme des immeubles, en ce qui concerne le rapport. Les meubles sont donnés en toute propriété, à la charge seulement de rendre leur valeur. Il suit de là que cette valeur doit être prise au moment de la donation, si les meubles se sont détériorés ou s'ils ont péri pour le donataire. Il en eût été de même pour le donateur, *res perit domino*. On doit rapporter les rentes en *moins prenant*. Car, en combinant l'art. 529 et l'art. 868, on voit que le premier les met positivement au rang des meubles, et que le second comprend généralement et sans distinction tout ce qui est meuble, soit par sa nature, soit par la détermination de la loi. Les rentes sur l'État, qui sont susceptibles de variations, devront alors être estimées d'après la valeur qu'elles avaient au moment de la donation.

JUS ROMANUM.

———◦◦◦———

DE ACTIONE FAMILIÆ ERCISCUNDÆ.

I. Actio familiæ erciscundæ definiri potest, actio quæ coheredi adversùs coheredes datur, ut dividatur hereditas.

II. Hæc actio proficiscitur ex lege XII Tabularum. Namque coheredibus volentibus a communione discedere, necessarium videbatur aliquam actionem constitui, quâ inter eos res hereditariæ distribuerentur.

III. Hæc actio est vel directa vel utilis.

IV. Datur inter coheredes: actor, negante adversario, probare priùs debet se esse coheredem, nisi res hereditarias possideat; datur hoc judicium uni, reliquis invitis, licet coheres minor sit, licet unus vel plures possideant.

V. Non datur minori sinè curatoris consensù, et judicis decreto. A præsentibus facta absentibus non præjudiciat.

VI. Familiæ erciscundæ judicium, et inter bonorum possessores, et inter eum cui restituta est hereditas ex Trebellianico senatus consulto, et cæteros honorarios successores locum habet.

VII. Si ex asse heres institutus rogatus sit mihi partem aliquam restituere veluti dimidiam; utile familiæ erciscundæ judicium rectè inter nos agitur.

VIII. Institutâ hac actione nemo concedit, alterum coheredem esse, quatenus sibi præjudicat; sed potest poenitere et totam hereditatem petere.

IX. Divisio hereditatis per sententiam judicis facta transit in rem judicatam, nec impugnari potest quià res judicata pro veritate habetur, licet profalso herede lata, exindèque immodicè quis læsus sit.

X. Aliter res se habet si divisio fuerit extrajudicialis, nam étiam per sortem facta, rescindi potest ex capite læsionis non modicæ.

XI. Quantitatem læsionis judex æstimat. Si tamen inæqualitatem sciverunt, et sorti commiserunt, aut super ea transegerunt vel inæqualitas ex accidente supervenit, locum non habet reductio vel rescissio.

XII. Judex in hoc judicio æquitatem observet, omnes res dividat, cuilibet portionem arbitrio, vel per sortem adjudicet. Res quæ commodè dividi non possunt, æstimet, et per modum permutationis aut venditionis adjudicet: aut uni proprietatem, alteri usum fructum assignet.

XIII. Instrumenta hereditaria reliquuntur illi, qui ex majori parte hæres, aut sexu, conditione, vel ætate major est: si omnes æquales sunt, sortiri debent, reliquis datur descriptum et de exibitione cavetur.

XIV. Præscribitur hæc actio XXX annis: dummodo unus hereditatem tanquam suam possiderit

INSTRUCTION CRIMINELLE.

DE LA DÉTENTION PROVISOIRE.

L'un des premiers devoirs de la société est de poursuivre la répression des crimes et des délits. Mais pour que cette répression soit efficace, qu'elle atteigne complètement le but que la société se propose, il ne suffit pas d'un jugement ou d'un arrêt portant condamnation, il importe que l'effet de la condamnation frappe corporellement le condamné.

La répression ne remplit qu'à moitié son objet si le condamné a pu échapper par la fuite à toute la réparation que le bon ordre exige.

De là, le principe de la détention provisoire; elle empêche que le coupable échappe à la vindicte publique; elle assure l'exemple que le public doit puiser dans les condamnations; elle prévient en outre un véritable malheur pour la morale et l'ordre social; elle donne enfin au juge des moyens certains pour arriver à la complète explication des faits, à la découverte de toutes les ramifications d'une affaire, et à celle de tous les coupables.

La loi en donnant à la justice cette puissante garantie, a dû l'entourer de formes qui protégeassent à la fois la société et les citoyens. Aussi a-t-elle confié le droit de prononcer la détention provisoire à des magistrats spéciaux, auxquels, en leur conférant ce pouvoir, elle impose en même temps une grande responsabilité.

Nous n'entendons point parler ici du droit d'arrêter ceux qui sont surpris en flagrant délit, droit et même devoir de tout citoyen;

nous ne parlerons pas non plus de l'obligation imposée dans le même cas à tous les officiers de police judiciaire.

Le droit d'arrestation est le commencement de la détention provisoire, et c'est de la détention provisoire que nous avons à nous occuper.

La détention provisoire résulte d'un mandat de justice décerné par *le juge d'instruction*, ou les magistrats supérieurs qui, dans certaines circonstances, en exercent les fonctions[1].

Il est décerné sur les réquisitions du procureur du roi, sauf le droit appartenant au juge d'instruction de le décerner d'office; il ne peut être exécuté que sur l'ordre du procureur du roi. L'effet de ce mandat est la translation et la rétention dans une maison de détention, appelée, soit maison d'arrêt, soit maison de dépôt.

Nous venons d'énoncer que la détention provisoire s'applique aux simples délits de même qu'aux crimes; mais en matière de délit, elle n'est en quelque sorte qu'une exception, et il est manifeste que l'esprit de la loi est que le magistrat-instructeur n'ordonne la détention provisoire que pour des faits offrant des circonstances graves, et à raison de circonstances particulières: comme présomptions fondées sur des projets de fuite, sur le danger qui pourrait en résulter, si on laissait le prévenu en liberté, ou sur le mauvais exemple qu'il pourrait donner.

En matière de délit, la loi laisse au juge d'instruction une grande latitude dans l'appréciation des circonstances. Il peut donc refuser de décerner le mandat d'amener, le mandat de dépôt, ou le mandat d'arrêt. Cependant, la loi n'a pas voulu qu'il fût l'unique appréciateur de ces circonstances; et il résulte de la combinaison de divers articles du livre Ier du Code d'instr. crim., que le procureur du roi peut, sur le refus du juge d'instruction, référer ce re-

---

[1] La chambre du conseil, celle des mises en accusation, ou les tribunaux correctionnels.

4

fus aux magistrats composant la chambre d'accusation. Le refus du juge d'instruction doit être constaté par procès-verbal, et le procureur du roi forme opposition en se conformant à l'art. 135 du Code d'instr. crim.

S'il s'agit d'un crime, l'appréciation du juge d'instruction est plus bornée ; il peut toutefois encore subordonner l'ordre de détention à l'obtention de renseignemens plus précis et plus complets que ceux qui ont été recueillis avant l'arrestation et lors de l'interrogatoire qu'il doit faire subir au prévenu.

Mais un principe général domine la mesure de la détention provisoire, c'est l'interrogatoire du prévenu. L'ordre de détention provisoire ne peut être donné tant que le prévenu n'a pas été interrogé : la loi, en décidant le contraire eût consacré un arbitraire effrayant ; le prévenu peut, dès son premier interrogatoire, dissiper tous les indices qui existaient contre lui.

Cette règle est d'autant plus importante que la détention provisoire une fois ordonnée par le juge d'instruction, il ne lui appartient plus, quelles que soient les présomptions favorables au prévenu, recueillies depuis le mandat, de révoquer l'ordre qu'il a donné, une fois le mandat requis par le procureur du roi, décerné par le juge d'instruction, ou décerné d'office par celui-ci et exécuté par le procureur du roi. Il s'est opéré un acte devenu irrévocable pour l'un et l'autre de ces magistrats. La loi attache à cet acte la sanction qui doit résulter des présomptions graves qui sont toujours censées l'avoir provoqué.

Le pouvoir de délier ce qui a été fait de concert avec le procureur du roi et le juge d'instruction, appartient à la chambre du conseil ; elle juge en première instance des préventions de crime et de délit ; mais ce pouvoir ne lui appartient que dans deux cas seulement : ou, sur l'insuffisance des charges, elle ordonne la mise en liberté ; ou, s'il ne s'agit que d'un délit, elle accorde la liberté provisoire sous caution.

Dans le premier de ces cas, elle lève le mandat de dépôt ; il est annihilé à moins que le procureur du roi ne forme opposition. Dans le second cas, le mandat de dépôt subsiste, mais l'exécution en est levée. Hors ces deux cas, ni la chambre du conseil ni la chambre des mises en accusation ne peuvent lever le mandat de dépôt, quand même il résulterait de la procédure que le fait d'abord jugé crime ne serait qu'un simple délit, et que les motifs qui pouvaient, dans l'origine, déterminer la détention ont cessé d'exister.

DROIT COMMERCIAL.

DU CONCORDAT.

Le concordat est un traité collectif consenti entre les créanciers délibérans et le débiteur failli.

C'est une faveur accordée au failli de bonne foi.

L'effet du concordat est d'abolir entièrement l'état de faillite et tous ses effets.

C'est la majorité des créanciers présens qui établit le concordat, pourvu que les sommes dues aux personnes qui forment la majorité égalent les trois quarts de tout le passif vérifié.

Le contrat d'union entre créanciers doit, à peine de nullité, être précédé d'un procès-verbal de vérification et d'affirmation des créances et suivi d'homologation [1].

Mais tous les créanciers peuvent-ils figurer au concordat? La loi a voulu que quelques-uns fussent éloignés de la délibération des créanciers, comme n'ayant pas un intérêt assez direct pour balancer avec impartialité les propositions du failli.

Tels sont le créancier hypothécaire et celui qui est muni d'un gage. Le premier trouvant dans son hypothèque, le second dans son gage une sûreté suffisante de leurs créances.

Le concordat doit être signé dans la séance même, où il a été arrêté, sans pouvoir être revêtu de signatures obtenues isolément.

---

[1] Rejet du 4 févr. 1806.

Mais si la majorité absolue ne forme pas les trois quarts en somme des créances, la délibération est continuée à huitaine pour tout délai.

Le juge-commissaire est tenu de veiller à l'observation de toutes ces règles.

Le droit de former opposition appartient à tout créancier. Les opposans sont tenus de faire signifier leurs oppositions aux syndics et au failli dans la huitaine du jour où le concordat a été signé.

Il n'existe pas d'autre voie légale pour demander la nullité du concordat. A défaut de cette opposition dans le temps prescrit, le tribunal est tenu d'homologuer, et l'effet de cette homologation est de rendre le concordat obligatoire pour *tous les créanciers*, c'est-à-dire ceux même qui ont refusé d'y adhérer.

L'opposition doit être motivée sous peine de nullité.

Mais pour que le concordat soit obligatoire, l'homologation est indispensable.

Le débiteur et les créanciers, représentés par leurs syndics, peuvent la provoquer.

Le demandeur présente une simple requête au tribunal, qui examine si toutes les conditions nécessaires à la formation du concordat ont été remplies, et prononce l'homologation. Le tribunal déclare en même temps le failli excusable et susceptible d'être réhabilité.

S'il refuse l'homologation, le failli est constitué de plein droit en prévention de banqueroute. Le procureur du roi est tenu alors de poursuivre d'office.

L'homologation une fois prononcée, le failli a le droit de reprendre l'administration de ses affaires et de son commerce. Les syndics, sur la signification du jugement, rendront leur compte définitif au failli, en présence du commissaire; ce compte sera débattu et arrêté; s'il y a des contestations, le tribunal prononcera;

5

les syndics remettront également au failli l'universalité de ses biens, ses livres, papiers et effets, dont il donnera décharge.

On pourrait penser que le concordat est nuisible aux créanciers hypothécaires, puisqu'il convertit les créanciers chirographaires en créanciers hypothécaires, mais il faut entendre sainement cette disposition de la loi, qui veut dire que ces créanciers deviennent hypothécaires seulement vis-à-vis des créanciers postérieurs à l'ouverture de la faillite.

Il est pourtant vrai de dire que si les créanciers hypothécaires ont le droit de la contrainte par corps, l'effet du concordat est de leur ôter cette voie d'exécution, de la même manière qu'il l'enlève aux chirographaires.

Les syndics seront tenus de faire inscrire aux hypothèques le jugement d'homologation, à moins qu'il n'ait été dérogé à cette obligation par le concordat.

C'est peut-être avec étonnement que l'on ne trouve dans le concordat aucune disposition particulière relative au mineur; car, à la rigueur, le concordat pourrait être considéré comme une transaction. Mais les formes dont il est entouré et l'intervention de la justice dispensent le tuteur de recourir à une assemblée de famille et à une autorisation spéciale.

FIN.